Kaum eine Sportart vermag die historische Zerrissenheit des 20. Jahrhunderts so widerzuspiegeln wie das Boxen - oftmals aus rassistischen Gründen. In packender Schilderung werden hier acht bewegende Episoden im Zusammenhang mit diesen gewalttätigen Duellen im Ring präsentiert. Auch in intellektuellen Kreisen, die dieser Auseinandersetzung Mann gegen Mann eher distanziert gegenüberstehen, dürfte am Ende keinerlei Zweifel mehr bleiben, wie sportlicher Wettkampf verstanden werden sollte: als friedlicher Vermittler zwischen Völkern.

Wolfgang V. Hartmann

Heldendämmerung im Ring

Historisch Denkwürdiges aus dem Boxsport in acht journalistischen Schnappschüssen

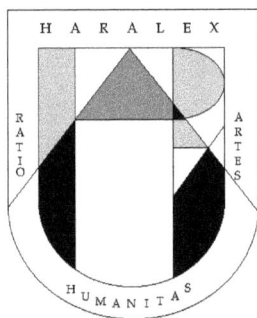

HARALEX **Publishing House**

Edinburgh

2024

HARALEX Publishing House
3 Wardlaw Place
Edinburgh EH11 1UA

Punblished 2024 by *HARALEX* Publishing House

**Bibliographische Information
Der Deutschen Nationalbibliothek**

Die Deutsche Nationalbibliothek verzeichnet
diese Publikation in ihrem Katalog.

Taschenbuchausgabe (2024)
ISBN: 978-1-905194-75-9

Inhalt

1908 – Jack Johnson

„Mein Verbrechen war der Sieg über Jeffries"

1908 forderte Jack Johnson als erster schwarzer Box-Weltmeister im Schwergewicht die feine weiße Gesellschaft der Vereinigten Staaten heraus

Es ist ein wunderschöner Tag, das Wetter grandios, die Luft kristallklar, aber sehr heiß. „Ich bin froh, hier zu sein. Niemand, der das Boxen liebt, sollte diesen Kampf verpassen. Nie zuvor in der Geschichte des Boxsports hat es etwas Vergleichbares gegeben", schreibt Jack London. Der Autor des Goldrauschs wird einer der mehr als 20.000 Augenzeugen der „Schlacht des Jahrhunderts" sein. So wird das Duell am 4. Juli – dem US-Unabhängigkeitstag – des Jahres 1910 in Reno/Nevada, der Stadt der Sünde, genannt. Gegenüber stehen sich Jack Johnson, der erste schwarze Box-Weltmeister im Schwergewicht, und sein bis dato unbesiegter Vor-Vor-Vorgänger James J. Jeffries. Es geht dabei um mehr als einen Titel.

Die Wetten stehen noch am Morgen des Kampftags auf 10:4 für Jeffries. Schwarze Schlafwagen-Schaffner und Hotelpagen setzen ihre schwer verdienten paar Dollars in letzter Minute auf Johnson. 500 Reporter aus aller Welt berichten seit Wochen über jede Kleinigkeit im Vorfeld dieser „ersten Schlacht eines unvermeidlichen Rassenkrieges", wie sie martialisch, aber durchaus realistisch schreiben. Um 14.30 Uhr betritt Jack Johnson unter Buhrufen und rassistischen Beschimpfungen den Ring. Er lächelt, ist die Ruhe selbst. Dann kommt Jeffries. Die Menge tobt. Er verweigert dem Weltmeister den Handschlag.

13 Jahre lang war Jack Johnson berühmtester, aber auch berüchtigtster schwarzer Amerikaner. Er wurde quasi aus dem Nichts Champion. Weil er nicht weiß war, zerrte ihn die Regierung aus fadenscheinigen Gründen vor Gericht, und er lebte jahrelang im Exil. Zwar waren die Schwarzen in den USA nach dem Bürgerkrieg (1861-1865) von der Sklaverei befreit, aber sie lebten in ständiger Angst vor dem weißen Mob. Jack Johnson dagegen schwelgte in Luxus und Berühmtheit. In einer Zeit, in der Schwarze hinter Weißen zurückzustehen hatten, zermalmte er sie im Ring. In einer Zeit, als das bloße Gerücht eines Flirts mit einer weißen Frau einen schwarzen Mann das Leben kosten konnte, schlief

Johnson, mit wem es ihm passte. Für die Weißen war er eine ständige Bedrohung, verschwenderisch, überheblich, unmoralisch, eine Gefahr für ihre Welt-Ordnung. Er polarisierte als Symbolfigur des freien schwarzen Mannes.

Der „beste Schwergewichts-Weltmeister aller Zeiten" – so bezeichnen ihn einige renommierte Experten bis heute – wurde am 31. März 1878 in Galveston/Texas als eines von sechs Kindern ehemaliger Sklaven geboren. Schon früh kristallisierten sich seine Eigenschaften heraus: Ruhelosigkeit, Unabhängigkeit, die Kunst zu improvisieren, Aufmerksamkeit zu erregen und um Regeln und Verbote herumzukommen, die ihn einengten. Er arbeitete als Gepäckträger, Baumwollballen-Schlepper, schließlich Sparringspartner und bestritt illegale Boxkämpfe. Preisboxen war in den meisten US-Staaten verboten. Regeln gab es zur Zeit des ersten Weltmeisters John L. Sullivan kaum.

Johnsons Boxstil war abwartend, leichtfüßig; er war kaum zu treffen und konterte effektiv – wie „Gentleman" Jim Corbett, der auf diese Weise dem Schlagdrauf Sullivan den Titel abgeknöpft hatte. Was die Reporter bei Corbett als „klug" bezeichneten, nannten sie dagegen bei Johnson „faul und feige". 1902 jedoch hatte der „Äthiopier" 27 Schwergewichtskämpfe gewonnen. Aber der aktuelle Weltmeister Jim Jeffries weigerte sich wie seine Vorgänger, gegen ihn anzutreten: „Solange ich es verhindern kann, geht der Titel nie an einen Schwarzen." Seine Haltung entsprach dem Rassismus jener Zeit, in der es jährlich 150 Lynchmorde gab. 1905 bestimmte Jeffries als Ringrichter eines Ausscheidungskampfes seinen – weißen – Nachfolger und zog sich auf seine Farm in Kalifornien zurück.

1906 besaß der Kanadier Tommy Burns den Titel. Der britische König Edward VII., selbst Anhänger des Boxsports, nannte Burns einen Bluffer, weil er sich Johnson nicht stellte. Um nicht weiter belästigt zu werden, setzte Burns den Preis für einen Titelkampf auf damals astronomische 30.000 Dollar fest. Doch zu seiner Überraschung brachte der australische Promoter Hugh D. McIntosh die Summe auf.

Am 26. Dezember 1908 fand außerhalb Sydneys das Weltereignis in einem brechend vollen Stadion statt. In dem auf 20 Runden angesetzten Kampf war Johnson von Beginn an haushoch überlegen; er teilte aus und hielt den oftmals fallenden Burns fest, um ihn noch länger verprügeln zu können. In der 14. Runde brach die Polizei den Kampf unmittelbar vor dem Knockout ab; Filmaufnahmen wurden gestoppt. Das Unfassbare war geschehen: Ein Schwarzer war Box-Weltmeister aller Klassen.

Entsetzen in Reno nach dem Niederschlag:
„Der Nigger darf ihn nicht k.o. schlagen!"

Die Presse reagierte, als ob der Weltuntergang bevorstünde. Das weiße Amerika sagte: Burns war nie Champion, sondern nach wie vor ist es Jeffries – unbesiegt und unbezwingbar. Doch der war Farmer und wog inzwischen 135 Kilogramm. Johnson kam im März mit einer weißen Gefährtin zurück ins südliche Chicago, vergnügte sich mit weißen Frauen in den Bordellen und raste mit schnellen Autos durch die Gegend. Während er mit einer Vaudeville-Show durch die Lande zog, blieb auf der Suche nach der „weißen Hoffnung" nur Jeffries übrig. Die Losung „Amerika braucht dich", verbunden mit 100.000 Dollar Antrittsgeld, stimmte ihn schließlich um.

Über 40 Kilogramm hat „Jeff" für diesen Kampf abgenommen. Von Beginn an sucht er eine Gelegenheit, aber Johnson hält ihn locker in Schach, spielt mit ihm. Corbett spuckt aus Jeffries' Ecke rassistische Beleidigungen, aber der Beschimpfte grinst nur und traktiert seinen

Herausforderer mit Schlägen. Jeffries ist zu langsam, zu alt; er landet nicht einen ordentlichen Treffer. Seine Verteidigung ist bald nicht mehr präsent. Harte Schläge fordern ihren Tribut. Ende der 14. Runde ist seine Nase gebrochen, die Augen sind fast zugeschwollen, Blut rinnt ihm übers Gesicht.

In der 15. Runde setzt Johnson zur finalen Attacke an. Jeffries geht zu Boden. „Das darf nicht sein!" Verzweifelte Rufe des überwiegend weißen Publikums veranlassen die Jeffries-Betreuer, ihren gefällten Helden wieder auf die Beine zu stellen. Johnson schlägt ihn erneut nieder. „Der Nigger darf ihn nicht k.o. schlagen!" Jeffs Ecke bleibt nichts anderes übrig, als das Handtuch zu werfen.

Aus dem Triumph der weißen Rasse war ein Tag der Schmach geworden. Jack Johnson war nun unbestrittener Weltmeister. „Auch in meinen besten Tagen hätte ich ihn nicht schlagen können", bekannte der Unterlegene. Filmszenen vom Kampf durften in den meisten Kinos nicht gezeigt werden; aber auch so löste Johnsons Sieg Rassenunruhen im ganzen Land aus (in einem Ausmaß wie erst wieder 1968 nach der Ermordung Martin Luther Kings). In Chicago dagegen feierten Tausende Schwarze ihren Triumphator, der dort das „Café de Champion" eröffnete. Mit dem Titel im Rücken scherte sich Johnson erst recht nicht mehr um die Meinung der feinen weißen Gesellschaft.

„Bei nicht schuldig können Sie nicht mehr in die Gesichter Ihrer Frauen schauen!"

Die suchte nun nach Wegen, es ihm außerhalb des Rings heimzuzahlen. Dazu pervertierte sie den „Mann Act" (benannt nach dem Senator Robert James Mann), der den Transport weißer Frauen mit öffentlichen Verkehrsmitteln zum Zweck der Prostitution, Verführung oder anderen unmoralischen Handlungen unter Strafe stellte. Dieses Gesetz hatte nie die privaten Beziehungen zwischen Erwachsenen im Blick; dennoch wurde Johnson im November 1912 in Handschellen abgeführt: Die Mutter seiner weißen Partnerin Lucille Cameron hatte ihn angeklagt. Bei Zahlung der Kaution bedrohte ihn der weiße Pöbel in Chicago. Die Stadt entzog Johnson die Konzession für sein Café.

Doch Lucille Cameron teilte nicht die Auffassung ihrer Mutter. Im Gegenteil: Sie heiratete den Weltmeister Anfang Dezember 1912, wenige Monate nachdem dessen erste (ebenfalls weiße) Ehefrau Selbstmord begangen hatte. Diese „Provokation" war eindeutig zu viel. Die Behörden suchten im ganzen Land eine neue Zeugin der Anklage – und fanden sie in der Prostituierten Belle Schreiber, die vom Champion im August 1910 „mit unmoralischen Absichten und Geld" nach Atlanta zum Betrieb eines Bordells gebracht worden sei. „Sollten Sie diesen Mann für nicht schuldig befinden, können Sie nicht mehr in die Gesichter Ihrer Mütter, Frauen und Töchter schauen", rief der Ankläger in Richtung – weiße – Jury. Die brauchte am 4. Juni 1913 keine zwei Stunden zur Beratung. Ihr Urteil: schuldig in allen Punkten. Für ein Jahr und einen Tag sollte Johnson ins Gefängnis.

Doch es gelang ihm die Flucht nach Kanada. „Mein eigentliches Verbrechen war mein Sieg über Jeffries", wusste Johnson nur zu gut und ging nach Frankreich. In Paris bestritt er einen Kampf gegen Frank Moran, der ihm keinen Cent einbrachte, weil tags darauf die Schüsse von Sarajevo fielen. Das Geld ging ihm aus.

Die Suche nach einer „weißen Hoffnung" hatte unterdessen nie aufgehört. Jess Willard, ein 1,97 Meter großer Farmarbeiter aus Kansas, sollte das Trauma beenden. Mit 27 Jahren war er zehn Jahre jünger als der Titelverteidiger, der am 5. April 1915 in Havanna alles andere als in bester Verfassung antrat. Doch normalerweise hätte es reichen müssen, um den limitierten Willard im auf 45 Runden angesetzten Titelkampf zu besiegen. Die über 20.000 Zuschauer, die in der Mehrzahl mit weißen Fahnen ihre Solidarität mit dem Herausforderer bekundeten, erlebten acht Runden lang eine Lektion für ihren Schützling. Aber der Champion konnte den Knockout nicht landen. Nach etwa 15 Runden ging Willard in die Offensive und traf den müden, schwer atmenden Johnson schließlich in Runde 26 mit einer rechten Geraden am Kinn. Der wurde ausgezählt, streute aber Gerüchte, die Niederlage sei gekauft. Seine Arme, die er, am Boden liegend, wie zum Schutz vor der heißen Sonne Kubas übers Gesicht hielt, unterstützten diese Behauptung. Beweise dafür gab es nicht.

Nachdem er den Titel verloren hatte, existierte der Boxer Jack Johnson für die Sportreporter nicht mehr. Er musste auf Vaudeville-Tour nach England, Spanien und Mexiko gehen. Resigniert kehrte er im Juli 1920 in die Staaten zurück, chauffierte selbst das Auto ins Gefängnis von Leavenworth/Kansas, wo er seine Strafe absaß. Weltmeister Jack Dempsey, der Willard verprügelt und entthront hatte, ignorierte die Herausforderung des 43-Jährigen. Auch Dempsey trat gegen Farbige nicht an.

Die Aufforderung „Schwarze müssen draußen essen" treibt ihn zur Raserei

Erst mehr als 20 Jahre nach Johnsons Niederlage sollte mit Joe Louis ein Schwarzer wieder Schwergewichts-Weltmeister werden. Doch der „braune Bomber" wurde von seinem Management bewusst als Gegenstück zu Johnson aufgebaut: bescheiden, unterwürfig, niemals auf einem Foto mit weißen Frauen. Logisch, dass Johnsons Bewerbung als Louis' Trainer abgelehnt wurde.

Dass Johnson nach der Scheidung von Lucille Cameron eine dritte weiße Frau heiratete, sorgte in den 1930er-Jahren nicht mehr für die ganz große Aufregung. Franklin D. Roosevelt war er als Wahlkämpfer sogar willkommen. Und doch führte der latente Rassismus in den USA schließlich zu Johnsons Tod. Am 10. Juni 1946 wurde er in Raleigh/North Carolina aus einem Imbiss-Restaurant verwiesen: „Schwarze müssen draußen essen!" Wieder im Auto, war der passionierte Rennfahrer außer sich vor Wut, raste den Highway mit mehr als 70 Meilen pro Stunde hinunter, verlor die

Kontrolle über das Fahrzeug und krachte gegen einen Telefonmasten.

Jack Johnson wurde 68 Jahre alt. 2.500 Gäste nahmen am Trauer-Gottesdienst in Chicago teil, Tausende begleiteten ihn auf seinem letzten Weg zum Graceland-Friedhof. Erst im Mai 2018 wurde er von US-Präsident Donald Trump juristisch rehabilitiert. In vielerlei Hinsicht war Johnson ein Vorgänger Muhammad Alis. Bewegung war seine Leidenschaft. Im Ring – wie im Leben.

1923 – Jack Dempsey

Shelby – kein gutes Pflaster für Banken

1923 boxt Jack Dempsey in Montana um die WM. Der Kampf ruiniert das Kuhdorf – und begründet den legendären Ruf seines Managers

»Mr. Kearns, könnten Sie in Betracht ziehen, 50.000 Schafe zu erhalten statt weitere 100.000 Dollar?« Es ist nicht leicht, einen mit allen Wassern gewaschenen Boxmanager wie Jack Kearns, genannt »Doc«, aus der Fassung zu bringen. Hat er richtig gehört? Hat James A. Johnson, Bürgermeister dieses Kuhdorfs namens Shelby im US-Bundesstaat Montana, wirklich Schafe angeboten? Kearns braucht einen Augenblick, um sich zu sammeln. »Was, zur Hölle, fange ich mit 50.000 Schafen in einem New Yorker Apartement an?«, schimpft er den Schultes aus.

George Stanton, Präsident der Bank von Great Falls, hat einen anderen Vorschlag. »Warum übernehmen Sie nicht Promotion und Kartenverkauf? So wie ich es sehe, besitzen Sie den Kampf bereits.« Eine erste Rate von 100.000 Dollar hatte Kearns ja schon erhalten.

Der ist jetzt nahe dran zu explodieren. »Diese Jungs«, antwortet er und deutet auf die Vertreter Shelbys, »sind die Promoter. Ich versuche, einen Kämpfer zu trainieren. Sie haben das Geld zu besorgen – oder es gibt keinen Kampf. Das ist alles, was ich zu sagen habe!«

Es bleibt Stanton am 15. Juni 1923 nichts anderes übrig, als einen weiteren Scheck über 100.000 Dollar zu überreichen. Kearns kassiert damit zwar die zweite Rate in dieser Höhe. Wie die dritten vereinbarten 100.000 Dollar bis zum 2. Juli, zwei Tage vor dem Kampftermin, in seinen Besitz gelangen sollen, ist völlig offen. Und damit ebenso, ob der Kampf überhaupt stattfindet.

1922 ist in Shelby Öl entdeckt worden. Was das Kaff, das in seiner gesamten Geschichte nie wesentlich mehr als 5.000 Einwohner zählte, plötzlich für typische Goldrausch-Abenteurer interessant werden lässt. Aufgrund Kaliforniens aufstrebender Wirtschaftskraft und des Einflusses der Hollywood-Filmindustrie reisen ohnehin viele Menschen mit dem Traum, reich und berühmt zu werden, Richtung Westen der USA. Der Zugverkehr macht dabei auf dem Weg nach Kanada am Knotenpunkt Shelby Station. Die

Beamten der Kleinstadt träumen mit den entdeckten Ölquellen nun von einem Wirtschafts- und Touristenzentrum Shelby. Mehrere Bankfilialen werden eröffnet. Viele Familien mögen doch in Shelby sesshaft werden oder ihr Geld als Durchreisende dort ausgeben.

Um den Flecken bekannter zu machen, soll ein Boxkampf um den Weltmeistertitel im Schwergewicht dort stattfinden. Und zwar mit einem der ganz großen Sportstars der Vereinigten Staaten: Jack Dempsey. Der seit 1919 amtierende Champion aller Klassen ist neben Red Grange (Football), Bobby Jones (Golf), Bill Tilden (Tennis) und Babe Ruth (Baseball) einer der sogenannten »Big Five« im US-Sport der »Roaring Twenties«. Über seinen Manager Kearns und Promoter Tex Rickard glauben Shelbys Beamte, eine große Zuschauer-Menge nach Montana locken zu können. Denn Dempsey boxt nicht jeden Tag. Wer den Kampf live sehen will, muss nach Shelby kommen.

Man wählt Tommy Gibbons, einen irisch-stämmigen Defensivkünstler aus dem nicht allzu weit entfernten Saint Paul (Minnesota), als relativ unbekannten und wohl auch ungefährlichen Herausforderer. Gibbons ist zwar nicht untalentiert, befindet sich aber längst nicht auf Dempseys Niveau.

Patriotismus spielt auch eine Rolle, und so findet das Spektakel am 4. Juli, dem US-Unabhängigkeitstag, statt. Über einer Farm wird eigens dafür eine große 16-eckige Arena mit 40.208 Plätzen errichtet.

Herausforderer Gibbons geht leer aus

Kearns verlangt neben der damals ungeheuren Garantiebörse von 300.000 (entspricht heute 4,5 Millionen) US-Dollar für den Champion einen Reisekosten-Vorschuss. Gibbons hat sich einverstanden erklärt, aus den Gewinnen des Kampfes bezahlt zu werden. Die regionalen Banken sollen das Geld für die Durchführung der Veranstaltung bereitstellen.

20 Freunde des Bankiers Stanton sind als Retter der Ehre Montanas auserkoren. Mit jeweils 5.000 Dollar mögen sie die letzte Rate begleichen. Doch Stanton hat plötzlich nur noch acht Freunde. Um 2.30 Uhr am Morgen des Kampftags stimmt Kearns zu, den Restbetrag aus den Tageseinnahmen zu entnehmen, womit frühzeitig klar ist, dass Gibbons für 'n Appel und 'n Ei in den Ring steigt. Kearns ist zu diesem Entgegenkommen nur deshalb bereit, weil es das Gefeilsche

inzwischen auf die Titelseite der »New York Times« geschafft hat.

Dempsey und Kearns haben eine Woche gebraucht, um mit dem Zug nach Shelby zu gelangen. Der Box-Weltmeister wird am Bahnhof von Tausenden von Neugierigen empfangen, was die Kommunalbeamten doch noch auf einen wirtschaftlichen Erfolg des Kampfes hoffen lässt. Am 4. Juli um 11 Uhr begleiten mehrere Bodyguards, darunter der zwielichtige Wild Bill Lyons mit von zwei Revolvern ausgebeultem Jackett, Dempsey in einer fetten Limousine die Meile vom Bahnhof zur Arena. Unter Lyons' Schutz sammelt Kearns auch die letzten Zuschauer-Einnahmen an den Stadiontoren ein. Die Eintrittspreise sinken eine Stunde vor Kampfbeginn von 55 und 25 auf 10 und 8 Dollar. 18.000 Plätze bleiben dennoch unbesetzt. Das Thermometer steigt auf 35 Grad; die Atmosphäre ist hitzig. Dempsey wird mit Buhs und Schimpfkanonaden empfangen. Im umjubelten dreifachen Vater Gibbons sieht die Menge dagegen den Vertreter der Familienwerte und des Western-Pioniergeists.

Zum Leidwesen der Zuschauer erweist sich der Fight gegen Gibbons als strategischer Langweiler. Dempsey zielt ständig auf

Gibbons' Kopf, während der versucht, Dempseys Körper anzugreifen. Mit zunehmender Dauer lässt der Herausforderer den Champion meistens ins Leere laufen; die Beweglichkeit des Titelverteidigers macht es Gibbons jedoch schwer, Dempseys Körper zu treffen. Am Ende behält Dempsey den Titel einstimmig nach Punkten; er hat über die volle Distanz von 15 enttäuschenden Runden gehen müssen. Keine Stunde nach dem letzten Gong macht er sich aus dem Staub.

Die Folgen für Shelby sind desaströs: Da sich die meisten Einwohner der umliegenden Städte die hohen Ticketpreise nicht leisten können, erscheinen nur 7.702 zahlende Fans, womit der Kampf als einer der größten wirtschaftlichen Flops in die Geschichte des Profiboxsports eingeht. Schätzungsweise 13.000 Menschen können den Kampf schließlich kostenlos sehen, womit die Veranstalter im letzten Moment eine blamable Kulisse verhindern.

Die Tageseinnahmen belaufen sich abzüglich der Steuern auf 72.000 Dollar. Die sackt Kearns ein. Den Saloon, wo der offizielle Abschied stattfindet, sucht er lieber nicht auf: zu viele Betrunkene und Bewaffnete, deren Ärger allmählich hochkocht. Mit seinem Assistenten

Dan McKetrick eilt er zum Bahnhof. Der letzte Zug ist bereits abgefahren. Was nun?

Flucht mit vollen Geldkoffern

Kearns, der wie McKetrick einen Koffer voller Bargeld trägt, investiert 500 Dollar daraus und mietet einen Lokführer, der die beiden mit seinem Dampfross nach Great Falls chauffiert. Dort übernachtet er in einem Friseurladen. Tags darauf fahren sie mit Dempsey in dessen Sportwagen nach Salt Lake City. Ein Mann erkennt sie und ruft ihnen nach: »Kommt nie wieder zurück!« Kearns grinst: »Keine Sorge, Bruder – das werden wir nicht!« Er hält Wort.

Gibbons wird vom Shelby-Desaster doch noch profitieren – als einziger Boxer, der 15 Runden mit Dempsey im Ring gestanden hatte, tritt er mit seiner Story im Vaudeville-Zirkus auf und verdient über die kommenden Jahre an die 10.000 Dollar.

Für die Banken gibt es keine Rettung mehr. Nacheinander stellen die Stanton Trust & Savings Bank von Great Falls (9. Juli), die First State Bank des Bürgermeisters Johnson (10. Juli), die First State Bank von Joplin (11. Juli) und die First National Bank von Shelby (16. August) den Geschäftsbetrieb ein. Die Öl-Blase platzt. Die Box-Arena wird abgerissen, das

Holz verheizt. Shelby bleibt ein Kuhdorf.
Vorerst.

Heute Sitz eines Hochsicherheitsgefängnisses,
hat Shelby 3.400 Einwohner, ist nach wie vor
Bahnverkehrsknotenpunkt auf der Strecke
zwischen Chicago und Seattle. Der
Champion's Park erinnert an der Stelle, wo die
Holzarena einst stand, an das Spektakel von
1923, ebenso wie Gibbons' Boxhandschuhe in
»Maria's Geschichtsmuseum«. Der Kampf ist
unvergessen.

Es heißt, Kearns habe sich in Shelby für seinen
Vater gerächt, dessen Profite aus einer
Goldmine in einer Bank aus Montana
versickerten. Jahrzehnte später wird er zu
Dempsey versus Gibbons gefragt: »Nicht
wahr, Doc, Sie haben drei Banken in Montana
plattgemacht?« Im Wissen, sich damit seinen
legendären Ruf geschaffen zu haben, erinnert
sich Kearns in einer Mischung aus
Genugtuung und Stolz mit spitzbübischem
Lächeln: »Wir erledigten vier!«

1927 – Gene Tunney

Wenn der Ringrichter zweimal zählt …

… oder: Warum Gene Tunney 1927 in Capone-City Chicago Jack Dempsey besiegte, obwohl er mindestens 13 Sekunden lang am Boden lag

„Zwei!" Im unbeschreiblichen Lärm der 145.000 Zuschauer im Soldier Field bringt dieser Ausruf den am Boden liegenden Gene Tunney wieder zur Besinnung. Die Ironie daran: Zu diesem Zeitpunkt hätte Ringrichter Dave Barry dem amtierenden Box-Weltmeister aller Klassen bereits „Sechs" oder „Sieben" entgegenschreien müssen…

Wir schreiben Donnerstag, den 22. September 1927. Jack Dempsey, vor 364 Tagen in Philadelphia von eben jenem Tunney in zehn Runden ausgeboxter und entthronter Champion von 1919 bis 1926, hat die ersten sechs Runden des Revanchekampfes erneut klar nach Punkten verloren. Doch nach etwas mehr als einer Minute in der „Siebten" hat der „Manassa Mauler" (Schläger aus Manassa) den „Kämpfenden Marinesoldaten" endlich mit einer rechten Geraden voll erwischt. Es folgen sein berüchtigter, krachender linker Haken und eine Rechts-Links-Kombination von fünf Schlägen zum Kopf des in die Seile sinkenden Titelverteidigers. Zum ersten Mal nach 85 Kämpfen geht Gene Tunney hinüber ins Reich der Träume. „Tunney liegt am Boden!", schreit Radioreporter Graham McNamee ins Mikrofon. „Getroffen von einem Hagel von Schlägen am Kopf!" In der Aufregung über dieses unfassbare Ereignis ist ihm und den vier anderen Kollegen, die 50 Millionen Hörern in den USA und Kanada das Geschehen, erst zum vierten Mal in der Box-Geschichte, live schildern, nicht aufgefallen, dass sich Tunney im Unterbewusstsein mit seiner linken Hand am mittleren Ringseil festgehalten hat. Ebenso überrascht ist Dempsey selbst, der stocksteif, wie in Trance, in unmittelbarer Nähe auf Tunney herunterschaut.

„Im Fall eines Niederschlags muss der Mann, der den Punch ausgeführt hat, in die entferntere neutrale Ecke gehen." Dave Barry fragt nach: „Ist das klar, Jack?" Dempsey hatte eine halbe Stunde zuvor wie Tunney genickt. „Im Fall eines Niederschlags werde ich nicht anfangen zu zählen, bis der Schläger in der neutralen Ecke steht. Ist das klar, Champ? Jack?" Und wieder geschah allgemeines

Nicken des Kopfes, schließlich hatte ausgerechnet Dempseys Manager Leo Flynn auf Umsetzung dieser neuen Regel bestanden. Was eigentlich paradox war, denn Dempsey hatte in der Vergangenheit, vor allem gegen Luis Angel Firpo, gerade deshalb durch K.o. gewonnen, weil er seinem Gegner kaum Zeit zum Aufstehen gelassen hatte.

Unter dem ohrenbetäubenden Jubel der riesigen Menge in Chicago steht William Harrison Dempsey wie ein Gladiator festgewurzelt hinter dem blassen Tunney. Barry hat mit dem Zählen angefangen. Bei „Zwei" bemerkt er, dass der 32-jährige Ex-Weltmeister nicht in der neutralen Ecke steht. Der Referee stoppt den Zählvorgang und fordert den Mann, der sich anschickt, als erster Schwergewichtsboxer die Regel „They never come back" (Sie kommen niemals zurück) zu brechen, in die entfernte Ecke ohne Betreuer. Nur zögernd leistet Dempsey der Aufforderung Folge. Der Kampfrichter könnte wohl schon bei „Vier" oder „Fünf", gar „Sechs" sein – stattdessen beginnt er erneut bei „Eins". Als Barry – nun zum zweiten Mal – „Zwei" brüllt, wacht Tunney auf.

Gene Tunney gegen Jack Dempsey, das ist einer von vielleicht zehn sogenannten

„Kämpfen des Jahrhunderts" und einer der ersten des ewig jungen Duells Schläger gegen Techniker. Es ist ebenfalls der Vergleich zweier herausragender Athleten, wie sie unterschiedlicher gar nicht sein könnten.

Jack Dempsey, 1895 in Manassa/Colorado geboren, verdiente sich in Saloons in Alles-oder-Nichts-Faustkämpfen ein Zubrot, ehe er von dem gerissenen Jack „Doc" Kearns entdeckt wurde. Sein Manager führte ihn 1919 zum Titelkampf gegen Jess Willard. Dieser baumlange ehemalige Koch wurde seit seinem Sieg über Jack Johnson, dem vom weißen Amerika verhassten ersten schwarzen Weltmeister, in den Vereinigten Staaten als Held verehrt. Dempsey war's ziemlich egal: In drei Runden brach er Willard nahezu jeden Knochen seines Gesichts. Der irisch-stämmige Sohn armer Landarbeiter verteidigte seinen Titel darauf fünf Mal und heiratete Hollywoods Stummfilmstar Estelle Taylor, was zum Bruch mit „Doc" Kearns führte. Dempsey diente nicht im Ersten Weltkrieg und wurde deshalb (zu Unrecht) als „Drückeberger" beschimpft.

**Der zerschlagene Verlierer entschuldigt sich
bei seiner entsetzten Gattin Estelle:
„Schatz, ich habe vergessen auszuweichen"**

Nach einer dreijährigen Ringpause trat er 1926 vor 135.000 Zuschauern in Philadelphia gegen den kaum dem Halbschwergewicht entwachsenen Gene Tunney an, verlor einstimmig nach Punkten und entschuldigte sich bei seiner Frau, die im Hotel der Radioreportage gelauscht hatte und wegen seines verbeulten Gesichts fast in Ohnmacht gefallen war, mit den legendären Worten „Honey, I forgot to duck." (Schatz, ich habe vergessen auszuweichen). „Es wird ihm ewig zur Ehre gereichen, dass er verschmähte, sein Gesicht mit dem Handtuch zu bedecken, sondern stolz mit seinem zerschlagenen Antlitz auf sein Zimmer ging – im Herzen immer noch ein Meister", äußerte sich Tunney damals beeindruckt.

James Joseph, genannt Gene, Tunney wurde 1897 als Sohn eines New Yorker Werftarbeiters geboren. Um sich im Straßenkampf im Umfeld der Docks behaupten zu können, schenkte ihm sein Vater ein Buch über die Kunst des Faustkampfs. Folgerichtig gilt Tunney als erster wahrer „Techniker" im Ring. Sein taktischer Sieg aus der Distanz über Dempsey, die erste WM-Entscheidung im Schwergewicht, die nicht über einen Knockout erfolgte, hatte viele Anhänger des Boxsports genau aus diesem Grund enttäuscht. Doch Tunney entsprach auch sonst nicht dem geläufigen Bild eines Berufsboxers. Er las gerne Shakespeare, war gebildet und diente bei der Marine. Das Ende des Krieges erlebte er als Soldat in Frankreich. Und, was zum Zeitpunkt des Rückkampfs mit Dempsey noch niemand wusste: Er würde mit Polly Lauder bald die Erbin des Stahlmagnaten Andrew Carnegie heiraten – und deshalb die Boxhandschuhe schon ein Jahr später als erster von bisher nur zwei ungeschlagenen Weltmeistern (1956 folgte Rocky Marciano) an den Nagel hängen.

Typisch Dempsey: Als er in der achten Runde von Tunney zu Boden geschlagen wird, steht er flugs wieder auf, ehe Barry bis „Zwei" zählen kann. Anders Tunney: Nun hört er Barry „Zwei" rufen, erhebt sich aber erst bei „Neun" wieder, um sich länger zu erholen. Ein Boxer mit Hirn eben. Dempsey stürmt heran. Der Weltmeister tanzt davon. „Kämpfe, du Hurensohn!", schreit Dempsey nach einigen Schwingern, die nur Luftlöcher schlagen. Und läuft gegen Ende der Runde in einen fürchterlichen Konter. Den Punch auf die Brust in der Herzgegend, der ihm den Atem raubt, wird er später als den „härtesten Schlag, den ich je eingefangen habe" bezeichnen: „Ich glaubte, ich müsste sterben."

Alle haben gewusst, dass Tunney niemals nach Punkten verlieren würde. Dempsey hat seine K.o.-Chance gehabt. Müde und noch langsamer geworden, wird er klassisch mit Jabs ausgeboxt; ein Cut schließt ihm das linke Auge. Von insgesamt 20 Runden in zwei Kämpfen gegen Tunney hat er nur eine einzige – und die nur wegen des Niederschlags – gewonnen. An Tunneys Punktsieg gäbe es nichts zu deuteln, wäre da nicht das „lange Zählen" gewesen, was dem Kampf den legendären Namen „The Long Count" gibt.

Tausende verlassen Soldier Field in dem Gefühl, ihr Idol Jack Dempsey sei um den Sieg betrogen worden, da Tunney zwischen 13 und 17 Sekunden am Boden gelegen hatte. Auch der Ex-Champ behauptet dies in einer ersten Reaktion und fordert eine dritte Auflage. Doch etwas später erweist sich Dempsey als der bekannt faire Sportsmann: „Ich ziehe den Hut vor Tunney. Er hat gezeigt, dass er der Bessere ist." Und wird nach seinem Rücktritt populärer, als er zu aktiven Zeiten je gewesen ist. Warum er nicht sofort in die neutrale Ecke ging, konnte der „Mankiller" bis zu seinem Tod 1983 nicht erklären.

„Gene hat mir oft gesagt, dass er bei Zwei hätte aufstehen können, und ich habe keinen Grund, ihm nicht zu glauben", hatte Jack Dempsey die akademische Frage nach dem Was-wäre-wenn eigentlich beantwortet. Aber smarte Punkte-Boxer lieben die Freunde der „artigen Kunst" nicht. Gene Tunney, in technischer Hinsicht ein Vorgänger Muhammad Alis, blieb nur respektiert. Als er 1978 starb, hätte sich wohl niemand an ihn erinnert, hätte er nicht zweimal den „Manassa Mauler" besiegt.

Der erste Scheck über eine Million Dollar dennoch nur „Peanuts" für den künftigen Ehemann einer schwerreichen Erbin

Das Chicago der 1920er-Jahre: Al Capone ist mächtiger als der Bürgermeister. Das Haupt des Alkoholschmuggels zur Zeit der Prohibition (1919-1933) hat im Vorfeld des Kampfes einigen Zeitungsfritzen erklärt, er habe 50.000 Dollar auf Dempsey gesetzt und mit den Augen gezwinkert, als wette er auf eine „sichere Sache". Nicht umsonst hat man den Ringrichter erst eine Stunde vor dem

Kampf unter sechs Kandidaten ausgewählt. In Chicago war alles möglich, auch, dass ein Boxer sich bei guter Bezahlung absichtlich in den Ringstaub legte.

Promoter Tex Rickard, der Don King der „rauschenden Zwanziger" des Boxsports, konnte jedoch mit anderen Zahlen aufwarten. Fast 2,7 Millionen Dollar (nach heutigem Wert mehr als 30 Millionen) brachte der Kampf ein. Die Kulisse von geschätzten 145.000 Zuschauern ist bis heute Rekord bei einem Sportereignis in den USA – und während Jack Dempsey in seinem letzten Kampf 425.000 Dollar einstrich, kassierte der alte und neue Weltmeister 990.445,54 Dollar. Tunney zahlte Rickard darauf 9.554,46 Dollar, um von diesem einen Scheck über eine Million Dollar zu erhalten. Viel Geld für die Arbeit einer Dreiviertelstunde. Und dennoch „Peanuts" für einen, der eine Millionenerbin ehelichte und nach seinem letzten Kampf 1928 gegen den Neuseeländer Tom Heeney nichts mehr vom Boxen wissen wollte. Auf seinem Grabstein ist nur sein militärischer Dienstgrad vermerkt.

In die Ruhmeshalle des Boxsports zogen beide, Dempsey und Tunney, ein; ihr Kampf ist eine Legende – und wird bis heute heiß diskutiert.

1938
Max Schmeling und Joe Louis

Symbole ihrer Völker
und Nationen

**1938 traf Joe Louis zum zweiten Mal im Boxring
auf Max Schmeling. Als Gefangene der Politik
gehören sie für immer zusammen**

»Max, steh' auf! Max, steh' auf!!« Diesen
verzweifelten Ruf des Rundfunkreporters am
Ring hören Hunderttausende von Deutschen
an ihren Volksempfängern in den frühen
Morgenstunden dieser Sommernacht. Wer sich
seinen Kaffee noch nicht rechtzeitig gekocht
hat, um zum Kampf hellwach zu sein, kommt
zu spät. Als man sich gerade gemütlich
hingesetzt hat, ist alles schon vorbei. Wie
konnte das nur geschehen?

Der Abend des 22. Juni 1938 ist heiß und
stickig. Rund 90.000 Box-Fans strömen ins
New Yorker Yankee Stadium. Mehr als je
zuvor. Was für eine Atmosphäre: die gewaltige
Menschenmenge, das ständig wechselnde Bild,
die Lichtpunkte von 50.000 Zigarren und
Zigaretten, wie Glühwürmchen in der

schwarz-blauen Nacht, immer weiter, weiter und weiter, bis zu den allerletzten Reihen, die sich im Dunkeln verlieren. An diesem Abend hören in einem Land mit etwa 130 Millionen Einwohnern rund 70 Millionen die Rundfunk-Übertragung des Kampfes, das größte Publikum aller Zeiten bei einer Sendung. Als das Duell beginnt, steht das Land still. Tanzveranstaltungen werden unterbrochen, auch Ringkämpfe, und in den Kinos wird der Film angehalten, das Geschehen im Ring per Lautsprecher übertragen. Menschen sitzen auf der Veranda mit ihren kleinen Radios, und es ist richtig still. Jeder hört mit dem auf, was er gerade macht und spitzt die Ohren. Der Verkehr ruht, sogar die Straßenbahnen bleiben stehen. Alle werden ruhig und hören sich den Reporter an in diesem einen Augenblick. Es geht um mehr als die Weltmeisterschaft im Schwergewichtsboxen. Um viel mehr.

In Deutschland ist es drei Uhr morgens, als Radiosprecher Arno Helmes zum Mikrofon greift. Lautstark sprechen die Nazis vom Kampf des Jahrhunderts. In deren Verblendung vertritt der »Neger« Joe Louis den Angehörigen einer minderwertigen Rasse, muskelbepackt und von tierischer Brutalität. Gegen die edle Stärke des »Ariers«. Im

Rückblick ist erstaunlich, dass die Nazis nur auf Sieg »ihres« Boxidols Max Schmeling setzten. Das ist riskant. Was wollte man bei einer Niederlage tun?

Nach der ersten Glocke setzt ein Gebrüll ein, das nicht mehr aufhört

Schmeling wird auf dem Weg zum Ring mit Bananenschalen und Zigarettenschachteln beworfen und angespuckt. Er ist bleich. Nach der ersten Glocke setzt ein Gebrüll ein, das nicht mehr aufhört; es ist ein ständiges Dröhnen. Man hört die U-Bahn nicht mehr. Gar nichts mehr. Das Getöse steigt in die Nacht über der Bronx auf. Mit etwas Fantasie kann man sich vorstellen, dass das ganze Land zuschaut.

Als Schmeling vor zwei Jahren an selber Stelle Louis sensationell geschlagen hatte, führte er den K.o.-Sieg in der 12. Runde darauf zurück, dass er »etwas gesehen« hätte. Nun hatte man auf Seiten von Louis auch »etwas gesehen«. Diese Schwäche erkannte freilich jeder. Schmeling braucht eine gewisse Anlaufzeit. Eine solche lässt ihm Louis diesmal nicht. Er überfällt ihn vom Gong an mit einem Schlaghagel. Schon ein erster linker Haken trifft Schmeling an der Schläfe und wirft ihn in die Seile. Louis hämmert auf den Gegner ein. Die Menge tobt: »Hau ihn um! Mach' ihn fertig!«

Schmeling ist an sich erfahren genug, mit solch einer Situation fertigzuwerden. Doch er hat Pech. Im Abdrehen trifft ihn ein Körperhaken in der Nierengegend. Max stößt einen schrillen Schrei aus. Er durchdringt förmlich das Stadion. Ein Aufwärtshaken streckt den paralysierten »Schwarzen Ulan vom Rhein« zu Boden, bei »acht« steht er wieder auf. Aber er ist erledigt. Noch zweimal schlägt Louis ihn nieder, dann wirft Trainer Max Machon das Handtuch. Eine sinnlose Tat. Ringrichter Arthur Donovan befördert es zurück. »Dort blieb es so – wie der Deutsche selbst – schlapp in den Seilen hängen«, schreibt ein Reporter. Erst als Machon unerlaubterweise in den Ring springt, um seinen Boxer vor gesundheitlichen Schäden zu schützen, wird der Kampf beendet. Vorbei – in weniger als einer Runde! Ein Journalist spricht von »zwei Minuten und vier Sekunden Mord und Totschlag«.

Die Leute fallen sich um den Hals. Schwarz und Weiß umarmen sich. Männer und Frauen. Und Fremde. Es gibt wilden Jubel, Tränen. Für viele Amerikaner fühlt es sich so an, als ob sie die Nazis damals schon besiegt hätten. In

Harlem strömen nach dem Sieg 100.000
Menschen auf die Straße. Der Polizeichef lässt
30 Häuserblocks für die Feiern abriegeln.
Kinder tanzen. Ältere Leute humpeln herum.
Alle Kneipen sind brechend voll. »The New
York Daily News« wird über die Begeisterung
der Massen schreiben: »Man stelle sich je ein
Dutzend Weihnachten und Silvesterfeten
sowie Feiern zum 4. Juli vor, dann hat man
vielleicht, aber nur vielleicht, einen schwachen
Begriff davon. «

Nicht nur die schwarzen Amerikaner feiern.
Zum ersten Mal schlägt das Herz von Schwarz
und Weiß selbst im tiefen Süden des Landes
für ein Idol. Eine historische Sekunde lang gibt
es keinen Rassismus mehr in den Vereinigten
Staaten. Ironischerweise aus rassistischen
Gründen: wegen eines Erfolgs gegen einen
vermeintlichen Protagonisten der
selbsternannten »Herrenrasse«.

Joe hat die Maske des »guten Negers« ein für
alle Mal abgelegt. Alle mögen ihn. Nicht, weil
er gefügig und bescheiden ist – im Gegenteil:
Als sie am schwächsten sind, erinnert er sie an
ihre Stärke. Sie sind ihm dankbar für das, was
er für sie getan hat. Er hat nicht nur die Ehre
des Landes gerettet, sondern ihnen zudem die

Bürde erleichtert, an der sie so schwer getragen haben: an der Weltwirtschaftskrise.

Die Nazis lassen ihren Helden von 1936 fallen wie eine heiße Kartoffel

Obersalzberg, 23. Juni 1938, 1 Uhr: Adolf Hitler geht zu Bett. Um 3.15 Uhr notiert seine Adjutantur: »Führer erkundigt sich nach dem Ergebnis des Boxkampfes.«

Als sich Schmeling soweit erholt hat, dass er in seine Heimat zurückkehren kann, gibt es keine Ehrenbegleitung durch die Luftwaffe, keine Einladung von Hitler – wie zwei Jahre zuvor. Damals hatte Volksheld »Maxe« eine Sonderkabine des (1937 ausgebrannten) Luftschiffs »Hindenburg« belegt und war nach der Landung von jubelnden Massen am Frankfurter Römer gefeiert worden. Nun lassen sie ihn fallen wie eine heiße Kartoffel. Im Grunde ist er ein abgeschriebener Mann, den die Nazis im kommenden Krieg als Fallschirmjäger ins Himmelfahrtskommando nach Kreta schicken sollten.

Nie wieder boxt Schmeling in Amerika. Befreit von seiner Verstrickung zum Regime, befindet er sich nun in der Lage, wie niemals zuvor Risiken auf sich zu nehmen. Während in der Pogromnacht Jagd auf Juden gemacht wird, versteckt er zwei kleine jüdische Jungen in seinem Hotelzimmer.

Louis dient seinem Land ehrenvoll im Zweiten Weltkrieg, aber es dankt ihm nicht. Er wird einer rein schwarzen Einheit zugeteilt und noch jahrelang wegen Steuerschulden auf Beträge verfolgt, die er für den Heeres- und Marine-Unterstützungsfonds eingezahlt hat.

Es gibt noch eine bemerkenswerte letzte Runde. »Hi Max!«, ruft Ronald Reagan 1985 bei seinem Staatsbesuch in Bonn erfreut und so laut, dass es das gesamte Bankett hört. Schmeling befindet sich unter den geladenen Gästen. Er bedankt sich beim US-Präsidenten, dass der 1981 verstorbene »Braune Bomber« ein Grab auf dem Nationalfriedhof Arlington erhalten hatte (an den Bestattungskosten hatte sich Schmeling beteiligt). Die Gesten zeigen zweierlei: Amerika erkannte, dass Louis, den es als Symbol der Demokratie für sich vereinnahmte, keinen Nazi besiegt hatte; »Maxe«, der als Vertreter »arischer Überlegenheit« denunziert worden war, blieb in den Staaten als Sportsmann sehr populär. Und die USA rehabilitierten Joseph Louis Barrow, ihren einstigen Helden, der als verarmtes Faktotum in einem Klub in Las Vegas geendet hatte. Joe und Max waren

Gefangene der Politik. Die Geschichte hatte sie zueinander geführt, und so gehören sie für immer zusammen. Obwohl sie sich gerade mal knapp 40 Minuten im Ring gegenüberstanden.

1949 – Marcel Cerdan

»Wenn das Leben dich je von mir reißt«

Die »Hymne an die Liebe« bestätigt Edith Piaf 1949 auf tragische Weise: Auf dem Weg zu der Chansonette verunglückt der Boxer Marcel Cerdan

Vor der Eingangstür des »Versailles« hat sich eine riesige Menschenmenge versammelt. Es gibt etwas zu sehen. Und es gibt auch etwas zu verkaufen, denn man bezahlt 100 Dollar für einen Tisch in Bühnennähe. Eine Flasche Champagner kostet 16 Dollar und das Lendensteak 6,50 Dollar. Edith Piaf hat New York im Sturm erobert. Es hagelt Angebote. Hollywood lädt sie ein, Chicago will sie haben, San Francisco reißt sich um sie, in Florida wartet ein Engagement, ein weiteres in Mexiko. Vorerst tritt die kleine französische Chansonette jeden Abend in dem New Yorker Lokal um 22 und 1 Uhr früh auf.

Am 28. Oktober 1949 ist es 22.10 Uhr, als Marc Bonel im »Versailles« mit Tränen in den Augen zu seinem Akkordeon greift und den Refrain zu »La vie en rose« zu spielen beginnt. Edith hat ihn und den Pianisten Robert

Chauvigny umarmt. Ihr Gesicht ist kreidebleich. Das Publikum begrüßt sie mit tosendem Applaus. Sie gebietet Ruhe: »Heute Abend singe ich für Marcel Cerdan.« Auf dem Programm stehen acht Chansons. Vier hat sie bereits gesungen, als die »Hymne an die Liebe« angestimmt wird. »Le ciel bleu, sur nous peut s'effondrer et la terre peut s'ecrouler...« (Mag der blaue Himmel über uns einstürzen und die Erde sich unter uns auftun...). Edith lässt sich noch ganz von der Musik tragen, aber dann folgen die plötzlich so bedeutungsvoll gewordenen Worte: »Si un jour, la vie t'arrache à moi, si tu meurs, que tu sois loin de moi...« (Wenn das Leben dich je von mir reißt, wenn du stirbst und fern von mir bist...). Sie verliert das Bewusstsein. Und der Vorhang hüllt sie ein.

1947 reiste Edith Piaf erstmals in die USA. Das Publikum im New Yorker »Playhouse« applaudierte verhalten. Der Misserfolg spornte den »Spatz von Paris« jedoch an: Prompt eroberte die Piaf im berühmten New Yorker Nachtklub »Versailles« die Besucher und schaffte den Durchbruch. Bei einer der vielen Cocktailpartys während ihres fünfmonatigen Amerika-Aufenthalts lernte sie Marcel Cerdan kennen. Obwohl der Profiboxer in Casablanca eine Frau und drei Kinder hatte, wurde er ihr Liebhaber.

Marcel Cerdan war 1947 zum zweiten Mal Europameister im Mittelgewicht geworden und schlug am 21. September 1948 im Kampf um den WM-Titel Tony Zale, einen berühmten US-Veteranen. Schon bei seiner ersten Titelverteidigung verlor Cerdan gegen Jake LaMotta – eine von nur vier Niederlagen in seinen 115 Fights, von denen er 65 durch K.o. gewann. In der ersten Runde des Kampfes mit LaMotta wurde Cerdan in einer Ringkampfeinlage an der Schulter verletzt und konnte nur noch mit dem rechten Arm kämpfen. Vor Runde zehn gab er auf. Eine Revanche musste wegen einer Verletzung LaMottas verschoben werden. Nun sollte sie am 2. Dezember 1949 stattfinden.

»Mit dem Schiff? Du wirst das Flugzeug nehmen. Marcel, ich brauche dich...«

Edith hört Marcels fröhliches Lachen am Telefon. Es liegt spürbar ein Ozean zwischen ihnen. Ihre Launen wechseln zwischen Niedergeschlagenheit und Hochstimmung. »Du kommst also bald?« »Ja, ich werde mich arrangieren. Wir nehmen das erste Schiff.« »Das Schiff? Machst du Witze? Du wirst das

Flugzeug nehmen. Marcel, ich brauche dich...«
Also verspricht er ihr, gutmütiger Kerl, der er
außerhalb des Rings ist, noch schneller zu
kommen.

Ein Wahrsager hat ihn vor Flügen an Freitagen
gewarnt. Sein Manager wollte erst am
Dienstag fliegen. »Nein«, hatte Cerdan
bestimmt: »Freitag ist ein guter Tag, um in
New York anzukommen. Dann haben wir alle
Zeitungen vom Wochenende.« Am Flughafen
Orly prophezeit der 33-Jährige, »dass ich mit
meinem Weltmeisterschaftstitel
zurückkommen werde. Ich bin so ungeduldig,
New York und den Ring des Madison Square
Gardens wiederzusehen, dass ich schon früher
abgereist wäre, wenn ich eine Möglichkeit
dazu gehabt hätte. Es hat mich alle Mühe
gekostet, mir bei der Air France Priorität für
diesen Flug nach New York zu verschaffen.«

Unter den 48 Passagieren befindet sich auch
Ginette Neveu. Die Violinistin hatte in der
Salle Pleyel einen Triumph gefeiert. Cerdan
lässt sich mit der 30-Jährigen ablichten. Er hält
ehrerbietig die Stradivari, die Ginette aus
ihrem Kasten geholt hat. Die Reporter sind
zufrieden. Dass sie »für die Nachwelt«
fotografierten, können sie nicht ahnen. Auch
Marcel nicht. Er geht zum Zeitungskiosk und

gibt der Verkäuferin 50 Francs. Die ruft ihm nach: »Monsieur Cerdan, Sie haben Ihr Wechselgeld vergessen!« Er dreht sich um und antwortet ihr lächelnd: »Geben Sie mir es das nächste Mal.«

Um 21.06 Uhr startet die Constellation FBA-ZN mit ihren vier Wright-Cyclone-Motoren von 2.500 PS im ohrenbetäubenden Lärm. Die Ankunft in New York ist auf 9.30 Uhr festgesetzt. Um 3.50 Uhr bittet der Pilot um Anweisungen zur geplanten Zwischenlandung auf den Azoren.

In der Wohnung der 67. Straße 136 East, Ecke Lexington Avenue erwacht Edith Piaf aus tiefem Schlaf. Die kleine Entourage um ihre Agenten und Musiker Loulou Barrier, Marc Bonel, Lew Burston, Robert Chauvigny und ihre beste Freundin Geneviève Lévitain warten zitternd auf den Augenblick, in dem sich die Schlafzimmertür öffnet. »Warum habt ihr mich nicht geweckt?« Edith ist im Morgenrock, noch ganz verschlafen, das Haar ungekämmt. Niemand hat den Mut, ihr zu antworten. »Und Marcel? Wo ist er?« Sie vermutet einen Scherz und schaut hinter die Tür. Ihr Gesichtsausdruck verändert sich – und auch ihre Stimme. Sie ist bereit bei dem, was sie für ein Spiel hält, mitzumachen. »Marcel, ich bitte dich, lass die Witze. Warum versteckst du dich?« Ihr Blick schweift suchend durch den Salon. Die Atmosphäre ist eisig. Edith wird nervös. »Was wird hier eigentlich gespielt? Was ist los? Wo ist Marcel? Ist er nicht abgeflogen? Ist er in Paris geblieben? Scheiße, so redet doch!«

»Ich möchte sterben; warum hat Gott kein Mitleid mit mir? Ich will dort sein, wo er ist!«

Barrier fasst die besorgte Sängerin sanft an den Schultern und flüstert ihr tonlos zu: »Liebe kleine Edith, Sie müssen stark sein. Marcel hat einen Unfall gehabt.« Ediths Stimme bricht: »Was, Loulou? Was sagst du da? Was?« Bricht zusammen. Am Abend erwacht sie aus ihrer von Beruhigungsspritzen herrührenden Benommenheit und sagt dem »Versailles«-Manager: »Ich werde singen ... für ihn.«

Der Pic Rodonta, Höhe 1.105 Meter, hat den Revanchekampf LaMotta – Cerdan verhindert. Gegen diese Felswand muss das Flugzeug mit 420 km/h geprallt sein. Es gab keine Überlebenden.

Ediths Liebe ihres extrem bewegten Lebens war Marcel. »Ich kann meine Ruhe nicht wiederfinden, ich weine den ganzen Tag. Ich werde es nie überwinden. Ich möchte so gern sterben; warum hat Gott kein Mitleid mit mir? Ich will dort sein, wo er ist, ich will es!« heißt es in einem ihrer Briefe. In einem weiteren steht: »Bete zu Gott, dass ich ihn wiederfinde, denn es ist mir unmöglich, ohne ihn zu leben. Es wird mit jedem Tag schlimmer. Ich will mit Marcel in Kontakt sein, will wissen, ob er irgendwo auf mich wartet! Das Schreckliche ist, dass ich ihn noch mehr als früher liebe, und es ist mir, als sei er noch stärker in mir, ich bin ganz von ihm durchdrungen, nie und nimmer hab' ich ihn so geliebt!«

Marcel Cerdans Witwe Marinette lud Edith Piaf im Februar 1950 nach Casablanca ein. Edith folgte und bot dabei ihre Hilfe an. Obwohl sie selbst mehr davon benötigte. Der Tod des Geliebten und die Vorwürfe, die sie sich machte, weil sie ihn gebeten hatte, den frühestmöglichen Flieger zu buchen, belasteten die Piaf schwer. Sie trank deshalb mehr als sonst und nahm abwechselnd Aufputsch- und Beruhigungsmittel. 1960, zwei schwere Autounfälle, mehrere Entziehungskuren und die Diagnose Leberkrebs sowie Enttäuschungen mit diversen Partnern lagen hinter ihr, sang sie erstmals ihr berühmtes Chanson »Non, je ne regrette rien« (Nein, ich bereue nichts). Am 10. Oktober 1963, nur 47

Jahre alt, folgte sie Marcel Cerdan in den Tod. An die Macht der Liebe glaubte Edith Piaf bis zum Schluss: »Marcel ist im Himmel gestorben. Also muss er dort sein.«

1956 – Rocky Marciano

Rocky Marciano – wie ein Fels im Ring

1956 trat der legendäre Box-Weltmeister zurück – im Gegensatz zu Vorgängern und Nachfolgern blieb er unbesiegt

Sein Umriss ist kantig, und seine Haut hat eine Terrakottatönung, so dass man an eine etruskische Statuette denkt. Sein Körper hat keine griechische Anmut; er hat große Waden, Unterarme, Handgelenke und Finger und einen so massiven Nacken, dass seine Schultern schmaler erscheinen. Er ist weder groß noch schwer für ein Schwergewicht, durchtrainiert wiegt er etwa 93 Kilogramm, aber er macht den Eindruck eines großen Mannes, wenn man nahe vor ihm steht.

Sein Gesicht ist kantig wie sein Körper – großes Kinn, große Nase (von den Schlägen etwas schief), hohe Wangenknochen, und er zeigt außerhalb des Boxrings fast immer ein freundliches asymmetrisches Grinsen. Es ist das Grinsen eines schüchternen Mannes, der sich freut, dass man ihn endlich als reguläres Mitglied der Clique anerkennt.

Er spricht nicht so, wie es das typologische Vorurteil von einem Preisboxer erwartet. Die grammatischen Konstruktionen sind sorgfältiger gearbeitet als in den meisten Teilen der Nation. Er hat jenen Akzent des südlichen Neuenglands, und sein Name lautet in seinem Mund »Massiano«.

Niemand hat Rocco Francis Marchegiano, der sich als Boxer Rocky Marciano nannte, besser beschrieben als A.J. Liebling, einer derjenigen Reporter, die den »New Yorker« zu einem berühmten Blatt machten. In »Die artige Kunst«, für »Sports Illustrated« das beste Sportbuch aller Zeiten, frönte der US-Journalist seiner großen Leidenschaft, dem Boxen. Unter anderem setzte er Rocky Marciano, einem der schweren Jungs der amerikanischen Nachkriegszeit, ein Denkmal.

Nachdem am 30. Dezember 1949 Carmine Vingo in der sechsten Runde k.o. geht, bringt man ihn mit einem Schädelbruch und einer Gehirnblutung ins Krankenhaus. 14 Tage lang liegt er halbseitig gelähmt im Koma. Vor seinem Bett kniet Rocky Marciano und betet. Er kommt täglich, bezahlt die Ärzte für die beste Behandlung, und als sein Gegner genest, hilft er ihm bei der Arbeitssuche.

Als »neue weiße Hoffnung« lässt man ihn auf den in die Jahre gekommenen »braunen Bomber« los

Als Marciano nach 49 Profikämpfen am 27. April 1956 ungeschlagen zurücktritt, antwortet er auf die Frage nach dem schönsten Tag seines Lebens: »Als mir die Ärzte sagten, Carmine Vingo sei außer Gefahr, er werde leben, er werde keinen Schaden zurückbehalten, und ich sei nicht zu seinem Mörder geworden, da bekam ich wieder Spaß an meinem Beruf als Boxer, den ich sicher aufgegeben hätte, wenn Vingo nicht überlebt hätte.« Schmerzhaftes Pech für seine Rivalen, denn 43 Ringschlachten wird er vorzeitig beenden.

Rocky, 1923 in Brockton, Massachusetts, geboren als Sohn eines eingewanderten italienischen Schusters, wird beim Militär fürs Boxen entdeckt. Er beginnt seine Profikarriere 1947 mit 15 K.o.-Siegen, die er der Schlagkraft seiner kurzen Arme verdankt. Und einer Nehmerhärte, die ihm den Spitznamen »der Felsen« einbringt. Als »neue weiße Hoffnung« lässt man ihn am 26. Oktober 1951 auf den in die Jahre gekommenen »braunen Bomber« los.

Der kraftstrotzende Bursche hat kein Mitleid mit dem ausgebrannten Ex-Weltmeister. Er zertrümmert Joe Louis gnadenlos. Mit einem letzten wuchtigen Haken beendet der Italo-Amerikaner in der achten Runde die Karriere des 37-Jährigen und startet seine eigene.

Titelverteidiger Jersey Joe Walcott kennt sein genaues Alter selbst nicht. Jünger als Louis ist »The Old Nigger« am 23. September 1952 aber kaum, als er gegen den K.o.-Schläger antritt. Das Publikum in Philadelphia, das ganz auf der Seite der »weißen Hoffnung« steht, schreit auf, als der »Felsen« in der ersten Runde nach einem wuchtigen linken Haken Walcotts zu Boden geht. Doch Rocky beweist seine Härte, indem er wieder aufsteht.

Es folgt eine blutige Ringschlacht. Walcott liefert seinem Herausforderer einen bewundernswerten Kampf. Auf den Zetteln der Punktrichter liegt er in Front. Da hämmert ihm Marciano in der 13. Runde einen seiner fürchterlichen rechten Haken ans Kinn. Walcott sinkt zu Boden, Marciano geht in die neutrale Ecke und beginnt dort einen Freudentanz. Er bricht ihn aber gleich wieder ab. Später bekennt er, dass er sich schämte, zu tanzen, während »der alte Mann noch am Boden lag«.

Marcianos Devise lautet Angriff. Mittels seiner hohen Schlagfrequenz übt er auf seine Gegner von der ersten bis zur letzten Runde einen ständigen Druck aus. Dieser Stil, verbunden mit der außergewöhnlichen Nehmerqualität, gutem Auge, Reflexen und beidhändig starker Schlagkraft, fordert von seinen Gegnern unablässige Konzentration. Unaufmerksamkeit wird bestraft. Bis auf wenige Ausnahmen folgt der Knockout durch einen plötzlichen Schlag.

Voraussetzungen für diese Kampfweise sind eine enorme Kondition, Nervenstärke und absolutes Vertrauen in die eigenen Fähigkeiten. Akribisch bereitet sich Marciano auf seine Kämpfe vor. Stets ist er austrainiert. Nie während seiner gesamten Profilaufbahn muss er hohem Tempo am Ende eines Kampfes Tribut zollen.

Ziel der Taktik, die sein Trainer Charley Goldman vorgibt, ist es, das Geschehen im Ring von der Halbdistanz und dem Infight aus zu diktieren. Das kommt dem 29-jährigen neuen Weltmeister aufgrund seiner fürs Schwergewicht geringen Körpergröße von nur 1,80 Metern mehr entgegen als seinen meist größeren Gegnern. Durch reaktionsschnelles Ausweichen, Ducken und ständiges Pendeln erschwert er es ihnen, ihre Schläge ins Ziel zu bringen, weil er seine Angriffsfläche verkleinert und so gut wie nie ein ruhendes Ziel bietet.

Ein Schwergewichtler ohne körperliche Vorteile und ohne überragende Technik muss sich verbrauchen

Am 21. September 1955 tritt Marciano zu seiner sechsten Titelverteidigung an. Gegner in New York ist der 42-jährige Weltmeister im Halbschwergewicht, Archie Moore, der in Größe und Gewicht ganz gut zu Rocky passt und außerdem mit allen Ringwassern gewaschen ist. Moore hält immerhin neun Runden stand, bis ihn ein Volltreffer ereilt, nach dem es kein Aufstehen mehr gibt.

Als Marciano danach Rücktrittsabsichten äußert, nimmt ihn niemand ernst. Der Mann ist erst 32 Jahre alt und hat keinen Gegner zu fürchten. Aber sein Manager Al Weill, den man »The West« nennt, weil er stets Westen trägt, redet seinem Schützling zu, aufzuhören. Das ist ungewöhnlich für einen Berufsstand, der in dem zweifelhaften Ruf steht, seine Protagonisten gnadenlos zu verheizen. Aber Weill hat gesehen, wie sich Marciano im Ring verausgabt. Ein Schwergewichtler ohne körperliche Vorteile in Größe, Gewicht und Reichweite sowie ohne überragende Technik, der seine Erfolge nur erzielt, wenn er beinahe pausenlos wie ein Dampfhammer zuschlägt, muss sich verbrauchen.

Wie Joe Louis will Marciano nicht enden. Er befolgt den Rat und hört auf. Unbesiegt. Auf dem Höhepunkt seiner Karriere. Im Gegensatz zu gleichfalls legendären Vorgängern und Nachfolgern widersteht er lukrativen Comeback-Angeboten und verstärkt seinen Legendenstatus als »The Alltime Great«. Rocky Marciano, der 1969 in Iowa bei einem Flugzeugabsturz ums Leben kam, musste die eherne Box-Regel »They never come back« nicht brechen. Er selbst kehrte nie zurück.

1971 - Joe Frazier und Muhammad Ali

»Uncle Tom« schlägt hammerhart zurück

Am 8. März 1971 beginnt in New York die legendäre Box-Trilogie Joe Frazier versus Muhammad Ali mit dem bizarren Kampf des Jahrhunderts

Der frühere US-Vizepräsident Hubert Humphreys hat nur ein Ticket für die billigen Plätze bekommen. Um zuschauen zu können, ist Sänger Bing Crosby zur TV-Übertragung in die mit 6.500 Zuschauern ausverkaufte Radio City Music Hall gegangen. Ganz clever hat es Frank Sinatra angestellt. »The Voice« nimmt einen fachfremden Auftrag des Magazins »Life« als Fotograf an – und sitzt nun auf dem besten Platz der Welt. Direkt am Ring. Man muss einfach dabei sein im Mittelpunkt der Erde an der 7th Avenue zwischen 31. und 33. Straße in Midtown Manhattan.

Über dem großen Teich, in Deutschland, opfern Millionen ihren Schlaf vor einem ordinären Schul- oder Arbeits-Dienstag. Es ist die Zeit, in der Sinatra noch lange nicht »New

York, New York« singt (das geschieht erst 1979), aber hierzulande ein gewisser Werner Baecker das gleichnamige Fernseh-Magazin moderiert und Abenteuerliches aus der Metropole im Land der unbegrenzten Möglichkeiten berichtet. Seit wenigen Jahren fördert das Musical »Hair« die Hippie-Kultur – und jetzt ist Boxen »in«. Sonnenbrillen, Afro-Looks, Pelzmäntel, Machos und Models, illustre Typen mit im Blitzlicht blinkenden Zähnen – es ist »great«, was aus Amerika gezeigt wird. Auf dem Schulhof orientiert man sich daran. Und Schwergewicht ist das Größte.

**Immer wieder jung ist dieses Duell
zwischen Puncher und Techniker**

DER »Größte« ist einer der Beteiligten, um die es am 8. März 1971, geht. Einen Kampf des Jahrhunderts hat es zwar das erste Mal schon 1910 zwischen Jack Johnson und Jim Jeffries gegeben, aber dieser »Fight of the Century« bricht alle Rekorde. Noch nie standen sich im Ring zwei ungeschlagene Weltmeister gegenüber. Noch nie wurden zwei Boxern für einen Kampf jeweils 2,5 Millionen US-Dollar garantiert. Der New Yorker Madison Square Garden füllte sich noch nie mit 20.455 Zuschauern, die an Eintrittsgeldern 1.352.951

Dollar zahlten. Sogar für Kinoplätze in den US-Städten werden 1.000 Dollar berappt.

Die beiden Gegner könnten unterschiedlicher kaum sein. Muhammad Ali: 1,90 Meter, 97 Kilogramm, Reichweite 2,08 Meter. Joe Frazier: 1,82 Meter, 94 Kilogramm, Reichweite 1,86 Meter. Frazier ist eine »Kampfmaschine«, die sich nicht abschütteln lässt. Ein unermüdlicher Hakenschläger von zerstörender Kraft, die er sich vom Eintrommeln auf Rinderhälften im Schlachthof erworben hat. Ali sieht sich im Ring als »Schmetterling«, der nicht zu fassen ist, und als »Biene«, die sticht. Er ist ein Boxkünstler, der einem Faustgefecht ästhetische Qualitäten abzugewinnen versucht.

Was würde mehr zählen: Fraziers Schlagkraft oder Alis Schnelligkeit? Immer wieder jung, dieses Duell zwischen Puncher und Techniker, zwischen John L. Sullivan und »Gentleman« Jim Corbett, Jeffries und Johnson, Jack Dempsey und Gene Tunney, Sonny Liston und Ali, später George Foreman und Ali, Mike Tyson und Evander Holyfield. Diese Konstruktion von Gegensätzen zweier Kämpfer wird hier zur Perfektion getrieben: Superstar Ali gegen Ordinary Joe, Showman gegen Familienmensch – in allem, in Stil, Persönlichkeit, Herkunft, ist Frazier Alis

Gegenteil. Sogar im Outfit frappierend: Frazier in schimmernder grün-gelber Hose, Ali in Rot-Weiß. Als routinierter Entertainer sagt Ali das Ende des Kampfs voraus. Die Fernsehgemeinde liest auf einem Zettel in Druckbuchstaben: »Frazier falls in 6«. Das »Großmaul« tönt, es werde nicht mal knapp: »Joe wird dastehen wie ein Amateur! Und ich bin der Profi! Ich werde Shuffle und Jab und Clinch zeigen und es mir vier oder fünf Runden gemütlich machen, bevor ich dann im Ernst anfange.«

Bei der Vorstellung hüpft Ali leichtfüßig durch den Ring und rempelt Frazier zweimal provozierend an. Dieser beginnt den Kampf hakenschlagend in gewohnter Manier. Aber Ali tänzelt bald nicht mehr. Er lässt Frazier gelassen auf sich einhämmern. Dabei gibt er dem Publikum durch Gesten zu verstehen, dass ihm das gar nichts ausmache. In den Ringpausen redet Coach Angelo Dundee auf ihn ein, aber Ali lässt sich längst von niemandem mehr etwas sagen. Man beginnt zu ahnen, dass er Frazier nicht bekämpfen, sondern lächerlich machen will. Das rächt sich, als Frazier schwer trifft.

Erst in der fünften Runde zeigt sich darauf der wahre Ali, der Frazier nach Belieben mit

Schlägen eindeckt. Aber nach der sechsten Runde, in der er ganz und gar nicht zu Boden geht, lacht Frazier ihn aus. Trotzdem setzt Ali sein frivoles Spiel fort. In der achten Runde wehrt Ali Frazier, der nun wirklich wie ein Amateur wirkt, nur lässig mit einer Hand ab. Das Publikum begreift die Ungeheuerlichkeit, die ihm geboten wird. Auch in der neunten Runde bekommt Frazier wieder furchtbare Prügel. Aber Ali hat sein Spiel übertrieben. Jetzt fehlt ihm die Kraft, um ein Ende zu machen.

Frazier fightet, schweißnass, schwer gezeichnet, wutentbrannt zurück, hat Ali in der 11. Runde am Rand eines K.o. Was in der 15. und letzten folgt, hat Ali in seiner Biografie geschildert. Zuerst will er ihn umkreisen, eine linke Gerade landen und mit der rechten nachschlagen; er entdeckt eine Lücke, möchte sie nutzen und schlägt zu, Frazier taucht weg und schießt eine Linke ab, beinahe von der Matte aus. »Ich sehe sie kommen. Ich denke, dass ich sie rückwärts auspendeln kann. Aber er hat sie perfekt berechnet. Sie explodiert an meinem Kopf.« Ali kann sich nicht erinnern, dass er zu Boden geht, »nur dass ich unten bin, hochblicke, höre, wie gezählt wird und weiß, dass ich da unten nichts zu suchen habe«.

Mit seinem berühmten linken Haken hat »Smoking Joe« den verhassten Gegner zu Boden geschlagen. »Ich stehe auf und lasse das Zählen über mich ergehen«, wird Ali zitiert. Sein Kiefer ist grotesk verformt, er ähnelt dem Kinn Marlon Brandos als »Der Pate«, mit dem Hollywood ein Jahr später für weiteren Stoff für die Bilder des 20. Jahrhunderts sorgen wird. »In meinen Ohren dröhnt das Gebrüll der Menge: »Joe! Joe! Joe! Joe! Joe Frazier!«

Das Establishment freut sich, dass Cassius Clay eine aufs Maul bekommt

Das ist der knappe Sieg in einem bizarren Kampf. Von Ali als »Gorilla« und »Uncle Tom« beleidigt, ein Schimpfwort, das ein unterwürfiges Verhalten von Afroamerikanern gegenüber Weißen beschreibt, wird Joe Frazier zum einstimmigen Punktsieger im Kampf der Weltmeister ausgerufen. Und viele des Establishments freuen sich, dass Ali, der frühere Cassius Clay, der prahlerische Wehrdienst- und Vietnamkriegsverweigerer, im wahrsten Sinne des Wortes eine aufs Maul bekommen hat.

Deutschlands Blumenkinder, die sich in Gedanken und zur Melodie Scott McKenzies auf nach San Francisco begaben, Hippies, geprägt von Woodstock und John Lennons »Bed Peace« mit Yoko Ono, sehen das anders. Pazifisten und Fans müssen drei Jahre warten, bis Ali 1974 den eher unspektakulären Rückkampf nach Punkten gewinnt. Dass sich aber der »Kampf des Jahrhunderts« sogar zum »Thrilla of Manila«, dem dritten Zweikampf 1975, steigern wird, kann sich keiner vorstellen. Da muss Trainer Eddie Futch Frazier vor der 15. Runde aus dem Ring nehmen, »weil der nächste Schlag tödlich sein konnte«, und Ali wird sagen, nie sei er »dem Tod so nah gewesen«.

Die Kämpfe wirkten nach. Lediglich Gerüchten zufolge soll sich Frazier kurz vor seinem Tod an Leberkrebs (2011) mit dem von Parkinson gezeichneten Ali versöhnt haben. 1996 hatte er sich noch gewünscht, dass Ali beim Entzünden der olympischen Fackel in Atlanta verbrennen möge. Woran Ali, der 2016 starb, trotz aller verbalen Attacken jedoch nie Zweifel gelassen hat, ist seine Wertschätzung für den Athleten Frazier: »Von allen Boxern, gegen die ich gekämpft habe, war Sonny Liston der imposanteste, George Foreman der stärkste und Floyd Patterson der talentierteste. Aber Joe Frazier war der härteste. Er hat das Beste in mir hervorgebracht.«

1974 – Muhammad Ali und George Foreman

Die Frau mit zitternden Händen weckt den schlafenden Elefanten

**1974 endet die »Schlägerei im Dschungel«
zwischen Muhammad Ali und George Foreman
mit einem sensationellen Ergebnis**

Amerika will zusehen. Zur besten Fernsehzeit. Um 22 Uhr. In Kinshasa, Zaïre, vormals und später erneut Kongo, ist es 4 Uhr. Eine feuchte Tropennacht geht zu Ende. Spektakulär mit dem Rumble in the Jungle (Schlägerei im Dschungel). Am 30. Oktober 1974 kommt es zum sensationellsten Kampf der Boxgeschichte. Es gilt als sicher, dass der 25-jährige George Foreman mit seiner gewaltigen Schlagkraft den Weltmeister-Titel im Schwergewicht gegen den 32-jährigen Muhammad Ali verteidigen wird. In dessen Kabine herrscht eine Stimmung, als ob man den Ex-Champion zum Galgen führen müsste.

Obwohl der getönt hatte: »Für diesen Kampf habe ich Neues ausprobiert. Ich habe Bäume gefällt. Wirklich mit einem Alligator gerungen.

Einen Wal besiegt. Einen Blitz verhaftet. Und den Donner eingesperrt. Ich habe einen Fels umgebracht. Einen Ziegelstein krankenhausreif geschlagen. Gegen mich ist kein Kraut gewachsen. Ich bin schnell. Ich hau' auf den Lichtschalter und lieg' im Bett, bevor es im Raum dunkel wird.« Das Pfeifen im Wald, im Dschungel?

Dieses Stadion ist eine echte Arena für Gladiatoren. Die Erde unter dem Boden ist blutgetränkt. Mobutu ist allgegenwärtig. Sein Bild hängt überall. Den Kampf schaut sich Zaïres Diktator allerdings in seinem Palast an. Angst vor einem Attentat? 1.000 bekannte Kriminelle hat er unter dem Stadion einsperren und 100 davon töten lassen. Während die Welt zu Gast ist, ist Kinshasa eine der sichersten Metropolen der Welt. Als Imagepflege für sein Land und ganz Afrika hat Mobutu den Kampf finanziert. Die Boxer erhalten jeweils eine Börse von fünf Millionen Dollar. Mit der Organisation schafft sich der ebenso charismatische wie amoralische Promoter Don King ein Denkmal. Zudem veranstaltet er ein Großkonzert mit schwarzen Soul-, Blues-, Jazz- und Weltmusik-Größen wie Miriam Makeba, James Brown, B.B. King, The Spinners und The Crusaders.

Ali beginnt mit einer rechten Geraden. Kein normaler Mensch beginnt einen solchen Fight mit einer rechten Geraden. Zwei Jahre lang hatte keiner mehr Foreman eine rechte Führhand verpasst. Sie ist sehr gefährlich, weil man sich einem Konter durch einen linken Haken aussetzt – und sie bedeutet für einen Profi eine Beleidigung, denn sie unterstellt: Der ist so langsam, dass man ihn damit trifft. Ali verpasst dem Titelverteidiger zwölf Mal eine solche Rechte. Aber er kann ihn nicht niederschlagen; vielmehr macht er ihn wütend. Foreman bearbeitet ihn zum Rundenende wie einen Sandsack.

»Ich lebe in Amerika, aber Afrika ist die Heimat des schwarzen Mannes«

»Endlich in Afrika, meiner Heimat! Ich lebe in Amerika, aber Afrika ist die Heimat des schwarzen Mannes. Vor 400 Jahren war ich ein Sklave, aber jetzt kämpfe ich mit meinen Brüdern.« Und die feuern ihn an: »Ali, boma ye!« (Ali, töte ihn!). Die Welt nimmt sie endlich wahr, am Kongo, im Herzen Afrikas. Sie kennen Ali, den Boxer. Aber noch wichtiger war sein politischer Standpunkt. Amerika führte Krieg in Vietnam, einem Dritte-Welt-Land. Und ein Sohn der USA sagte: Ich soll gegen den Vietcong kämpfen? Warum? Die haben mir nichts getan. Außergewöhnlich, dass jemand im damaligen Amerika eine solche Position vertreten konnte. Er mag Titel und Millionen Dollar verloren haben, aber er gewann die Hochachtung von Millionen Afrikanern.

George Foreman kennen sie nicht. Sie hörten, er sei Weltmeister und dachten: ein Weißer. Dann merken sie: Er ist ein Schwarzer, wie Ali. Trotzdem steht er für Amerika. Er hat einen Deutschen Schäferhund dabei. Damit beleidigt er die Afrikaner. Die Belgier, Kolonialherren des Kongo, benutzten diese als Polizeihunde.

Die Glocke. Ali geht in seine Ecke. Augenzeuge Norman Mailer schildert die Pause zur zweiten Runde: Alis Alptraum war wahrgeworden. Er stand im Ring mit einem Mann, den er nicht beherrschen konnte, der stärker war und keine Angst vor ihm hatte, der versuchte, ihn k.o. zu schlagen und der härter schlagen konnte als er. Zum ersten Mal sah man Angst in seinen Augen. Als ob er in sich hineinschaut: Okay, der Moment ist gekommen. Das ist die Stunde. Hast du den Mumm dafür? Und er nickte sich selbst zu. Halte dich ran, du musst es selbst schaffen! Du schaffst es! Er nickte wieder, drehte sich um

und rief in die Menge: Ali, boma ye! 100.000
antworteten. Das Echo kam in den Ring
zurück.

»Ich kämpfe nicht für meinen Ruhm. Sondern,
um meine Brüder zu unterstützen, die
irgendwo in Amerika auf dem Betonboden
schlafen müssen. Ich schlage ihn und denke an
Gott und mein Volk. Mich interessiert nicht,
was die Welt sagt. Mein Gott lenkt das
Universum.« Ali hofft, diesen Gegner
irgendwie zu überwinden.

Foreman hat wie alle angenommen, Ali würde
tänzeln. Aber Ali hängt sich in die Seile. Das
sieht wie Schiebung aus. Ist der Kampf vorbei?
Ist ein Knockout vereinbart? Der ist ja völlig
fertig! Man macht nicht den Rope-a-Dope
(»Verweil am Seil«). Jetzt prasseln schwere
Breitseiten auf ihn ein. Bis Runde vier lehnt er
sich weit nach hinten. Der Kopf ist außerhalb
Foremans Reichweite, den Körper schützt er
durch die Arme, die Seile federn die Schläge
ab. Ab und zu steckt er Treffer ein. Dann sagt
er: »George, du enttäuschst mich! Du schlägst
schwächer, als ich dachte. George, fester! Das
wird nichts. Ist das alles, was du kannst?«
Foreman ist blind vor Wut und schlägt weiter
zu. Mit aller Kraft.

In Schwarzafrika geht man zum Medizinmann wie hierzulande zum Zahnarzt. Ali war bei Mobutus Hexer gewesen. Der hatte prophezeit, eine Frau mit zitternden Händen würde Foreman befallen wie eine Dämonin. In der fünften Runde verlassen Foreman die Kräfte. Noch 40 Sekunden. Ali landet einen Haken, setzt mit schnellem Jab nach. Foreman wird links getroffen. Noch mal getroffen. Drei Mal. Vier Mal. Plötzlich kommt Ali aus den Seilen und trifft ihn mit einer Rechten. Da wird klar: Der Wahnsinn hat Methode. Bewirkt das die Dämonin?

»Ich fress' ihn auf. Ich bin zu schnell für ihn. Ich schicke den Schwergewichts-Weltmeister in Rente. Beeindruckt euch Nixons Rücktritt? Dann seht, wie ich Foreman in den Hintern trete!« Auch das war eine Prophezeiung. Eines Großmauls? Muhammad Ali, so die Afrikaner, »war wie ein schlafender Elefant. Solange er schläft, kannst du alles tun. Aber wenn er aufwacht, zertrampelt er alles.«

**Reverend George fand erst zwei Jahre
später aus tiefster Depression heraus**

Noch 30 Sekunden in Runde acht. Alis Rechte kommt durch. Foreman sucht das Gleichgewicht. Eine Links-Rechts-

Kombination. Mit der Rechten trifft er Foremans Kinn voll. Er sieht den glasigen Blick in dessen Augen. Foreman torkelt. Ali setzt nach. Seine Rechte ist bereit. Er schlägt aber nicht mehr zu, weil er die Ästhetik nicht ruinieren will, mit der dieser Mann zu Boden geht. Ali hat den Titel, der ihm sieben Jahre zuvor aus politischen Gründen aberkannt wurde, zurückgewonnen und als zweiter Schwergewichtsprofi nach Floyd Patterson das ungeschriebene Gesetz des Boxens »They never come back« (Sie kommen nie zurück) gebrochen.

»Die Afro-Amerikaner sind nicht so gut wie ihr. Einige sind reicher, aber ihr habt eine Würde in eurer Armut, die uns fehlt. Wir in Amerika sind verdorben und haben das verloren, was ihr in Afrika noch habt und bewahren müsst.« Schöne Worte eines Siegers. Der bestritt nach 1974 einige Kämpfe zu viel. Ali liebte das Boxen zu sehr – und es zerstörte ihn, frei nach Oscar Wilde. Bereits an Parkinson erkrankt, entzündete er zitternd das Feuer bei den Olympischen Spielen von Atlanta 1996; zusammen mit Foreman erhielt er den Oscar für den Dokumentarfilm »When we were kings« (1997) über den Rumble in the Jungle. Befragt, was er speziell an seinem

Gegner nicht leiden könne, hatte Ali einst gespottet: »Er redet zu viel!« Am 3. Juni 2016 erlag er seiner Krankheit.

Foreman verfiel nach der Niederlage zwei Jahre lang in tiefste Depression, aus der er dank seiner Persönlichkeit wieder herausfand. Er wurde Reverend, nochmals Box-Weltmeister (mit 45 Jahren der älteste aller Zeiten!), Werbestar für Grills und setzte mit fünf Ehefrauen eine elfköpfige Kinderschar, darunter fünf George Juniors, in die Welt.

Unmittelbar nach dem Kampf setzt der Monsun ein. So heftig, dass die Umkleidekabinen eine Stunde später einen Meter unter Wasser stehen. An der Straße in Richtung Zentrum Kinshasas stehen Menschen im strömenden Regen und hüpfen vor Freude. Sie können ja nicht ahnen: Erst 2010 wird mit der Fußball-WM in Südafrika wieder ein internationales Sportereignis dieser Größenordnung auf dem Schwarzen Kontinent stattfinden.

Und der Kongo? Trotz seines Rohstoffreichtums zählt der Staat, bedingt durch jahrzehntelange Ausbeutung, Kriege und ständige Bevölkerungszunahme, heute zu den ärmsten Ländern der Welt.

Der Autor

Wolfgang V. Hartmann wurde 1963, im Gründungsjahr der Fußball-Bundesliga, in Leutkirch (Allgäu) geboren.

25 Jahre lang arbeitete er bei einer lokalen Zeitung als Sportreporter speziell für Fußball und Kunstturnen, danach mehr als ein weiteres Jahrzehnt als Journalist in den Ressorts Politik, Kultur und Hintergrund mit persönlichem Schwerpunkt auf Zeitgeschichte, Theologie, Literatur und Philosophie.

Der bekennende Wagnerianer liest am liebsten Thomas Mann und Knut Hamsun und lebt seit 2021 als Redakteur im Ruhestand in Dornstetten nahe Freudenstadt am Rande des Schwarzwalds.

www.ingramcontent.com/pod-product-compliance
Lightning Source LLC
Chambersburg PA
CBHW060653030426
42337CB00017B/2589